SACRED EROTICA

DRENCHING IN PASSION

VOLUME TWO

DON ANGELO

Copyright © 2023 by Don Angelo.

All rights reserved.

No part of this book may be reproduced in any form or by any electronic or mechanical means, including information storage and retrieval systems, without written permission from the author, except for the use of brief quotations in a book review.

Instagram: @sacred.erotica

ISBN: 978-1-946852-19-9

Printed in the United States of America.

To the Feminine.

Without the Feminine, there would be no beauty, no art, no love, no life and no creation. It should come as no surprise that the Masculine feels the greatest pleasure from thoroughly worshipping and ravishing the Feminine in ways that take the Two deeper than they Each could venture alone. Her juices are the zest of life. May She have the juiciest, orgasmic life.

— DON ANGELO

INTRODUCTION

I've decided to do something interesting with this volume.

I've decided to include an Italian translation with every poem?

Why?

Well, I am Don Angelo, and there's a quality of romantic beauty and allure with the Italian language.

Besides, for those of my readers who don't know how to read Italian (yet), what better way to learn it than pleasurably through *Sacred Erotica*?

After each poem in English, the Italian translation will follow.

Based on the feedback I receive on this volume, I may consider adding multiple translations to the next one.

French? Spanish? Portuguese? Maybe even Swedish and Japanese?

We'll see.

For now, I invite you to light a candle, get in the most comfortable and relaxed environment, whether it's on your bed or in a rose petal bath, and enjoy the soulgasmic transmissions of where I'll be taking you with each page.

Divertiti, bella amante (Have fun, beautiful lover).

PASSIONATE POETRY

The passionate poetry I'll write
once our lips reunite
would make the world go wet with passion
and turn the oceans from saltwater
into soul intoxicating wine.

POESIA APPASSIONATA

La poesia appassionata che scriverò
una volta che le nostre labbra si riuniranno
farebbe bagnare il mondo di passione
e trasformare gli oceani dall'acqua salata
in vino inebriante per l'anima.

PRAISE SHE!

Praise she!
Who is a conduit
from the Heavens to the Earth,
for from the depths of non-existence,
she brings existence to birth.
Amidst her nurturing universe within,
she takes the star-seed of potential,
nursing it until it's ripe to manifest
and roar with life like a lion.
Be it an idea, a dream, or a human being,
she is the creatrix of the vision she's seeing.

LODATELA!

Lodatela!
Chi è un condotto
dal Cielo alla Terra,
poiché dalle profondità della non esistenza,
fa nascere l'esistenza.
In mezzo al suo universo nutriente interiore,
lei prende il seme stellare del potenziale,
allattandolo finché non è maturo per manifestarsi
e ruggisci di vita come un leone.
Che sia un'idea, un sogno o un essere umano,
è la creatrice della visione che sta vedendo.

MY HUNGER FOR YOUR KISS

My hunger for your kiss
is more than a pride of lions.
The taste of your sweet lips intoxicate my soul
more than a thousand barrels of wine.
I'm in the sea of ecstasy.
My heart is unbarreled
when I'm with you.

Oh my golden lover,
dance freely in the fullness of your expression.
I am the sun to your earth.
Our dance is the romance of life.

LA MIA FAME PER IL TUO BACIO

La mia fame per il tuo bacio
è più di un orgoglio di leoni.
Il sapore delle tue dolci labbra inebria la mia anima
più di mille barili di vino.
Sono nel mare dell'estasi.
Il mio cuore è senza barriere, quando sono con te.

Oh mio amante dorato,
balla liberamente nella pienezza della tua espressione.
Io sono il sole e tu sei la terra.
La nostra danza è il romanticismo della vita.

OH MY GLORIOUS LOVER

Oh my glorious lover,
your angelic golden locks
have dazzled my soul
by the incredulous beauty displayed
as they kiss the wind with grace.

Oh my glorious lover,
the brilliance of your blue eyes
have drenched my mind
with the mysterious allure of the great ocean,
drawing me deeper with passion
into the love of your soul.

Oh my glorious lover,
when you speak,
I hear an a cappella of exquisite joy
as the melody of your heart encompasses me
in the music of love.

Oh my glorious lover,
the sweet nectar of your lips

has paralyzed my mind
and liberated my soul in utter ecstasy.

Oh my glorious lover,
every moment with you is dancing with sensations
as my cells vibrate with wondrous jubilation.

Oh my glorious lover,
to make love to you
is to enter the gates of Heaven,
our physical union in a spiritual paradise.

Oh my glorious lover,
we are beyond time,
beyond space,
beyond all things,
two counterparts of the great fire of love.

OH MIO GLORIOSO AMANTE

Oh mio glorioso amante,
le tue angeliche ciocche dorate
hanno abbagliato la mia anima
per l'incredula bellezza mostrata
mentre baciano il vento con grazia.

Oh mio glorioso amante,
lo splendore dei tuoi occhi azzurri
ha inzuppato la mia mente
con il fascino misterioso del grande oceano,
trascinandomi più a fondo con passione
nell'amore della tua anima.

Oh mio glorioso amante,
quando parli,
sento un a cappella di squisita gioia
mentre la melodia del tuo cuore mi
avvolge nella musica dell'amore.

Oh mio glorioso amante,
il dolce nettare delle tue labbra

ha paralizzato la mia mente
e ha liberato la mia anima in un'estasi assoluta.

Oh mio glorioso amante,
ogni momento con te sta danzando con sensazioni
mentre le mie cellule vibrano di meraviglioso giubilo.

Oh mio glorioso amante,
fare l'amore con te è entrare nelle porte del paradiso, la nostra unione fisica un paradiso spirituale.

Oh mio glorioso amante,
siamo oltre il tempo, oltre lo spazio, oltre ogni cosa, due controparti del grande fuoco dell'amore.

SEXY SULTRY LOVER

You sexy sultry lover of mine,
kissing your lips is utterly divine,
exploring your body with my sensual touch,
we've got two weeks so there's no rush.

Between your legs I rest my head,
worshipping your pussy, fulfilling the promise I said,
tossing your legs over my shoulders,
against your pussy, I rub my pillar and boulders.

Entering you, I enter the center of the universe,
inside you, time and space disperse,
we embody the Union of heaven and earth,
as I fill your pussy with the fullness of my girth.

Your ass slapping against my hips,
with my every power thrust, your pussy drips,
the bed shaking, like an apocalypse,
our lips merge, like the sun and the moon,
amidst a total eclipse.

Our hearts are one like a beating drum,
relishing in the passion
of soulful intimacy and erotic fun.

AMANTE SEDUCENTE AFOSA

Sei mio amante seducente afosa,
baciare le tue labbra è assolutamente divino,
esplorare il tuo corpo con il mio tocco sensuale,
abbiamo due settimane quindi non c'è fretta.

Tra le tue gambe appoggio la testa,
adorando la tua figa, mantenendo la promessa che ho detto,
gettando le gambe sulle mie spalle,
contro la tua figa, strofino il mio pilastro e i massi.

Entrando in te, entro nel centro dell'universo,
dentro di te tempo e spazio si disperdono,
noi incarniamo l'unione del cielo e della terra,
mentre riempio la tua figa con la pienezza della mia circonferenza.

Il tuo culo che schiaffeggia i miei fianchi,
con ogni mia spinta di potenza, la tua figa gocciola,
il letto trema, come un'apocalisse,
le nostre labbra si fondono, come il sole e la luna,
in mezzo a un'eclissi totale.

I nostri cuori sono uno come un tamburo che batte,
assaporando la passione
di intimità sentimentale e divertimento erotico.

COLLIDE

As our lips and tongues collide
in the intensity of our passion,
as my arms pull you into me
with fiery desire,
as my hips thrust into you,
penetrating you deep with power,
as your pussy soaks up every bit of my presence,
as our hearts entrain to each other's souls,
our wild lovemaking,
this sacred fucking,
holy sexual union,
lion and lioness together,
making the stars glimmer with tremendous joy.
I am your volcano and you are my ocean,
erupting inside you, we create new worlds.

COLLIDERE

Mentre le nostre labbra e le nostre lingue si scontrano
nell'intensità della nostra passione,
mentre le mie braccia ti tirano dentro di me
con ardente desiderio,
mentre i miei fianchi spingono dentro di te,
penetrandoti in profondità con potenza,
mentre la tua figa assorbe ogni pezzetto della mia presenza,
mentre i nostri cuori si fondono con l'anima dell'altro,
il nostro amore selvaggio,
questo sesso sacro,
santa unione sessuale,
leone e leonessa insieme,
facendo brillare le stelle di tremenda gioia.
Io sono il tuo vulcano e tu sei il mio oceano,
eruttando dentro di te, creiamo nuovi mondi.

LUSCIOUS QUEEN

My luscious queen,
within those gorgeous eyes of yours,
there's a realm of beauty nobody has ever seen,
my twin flame, the soul of my dreams.

Flowing goddessliness,
every strand of your hair dances in the wind,
I'll crave your graceful touch and sweet lips
until I'm gone like the wind.

I've seen the sun rise thousands of times,
but never have I seen such radiant beauty like your face.
I've felt the softness of the summer breeze and Arabian silk,
but nothing compares to your touch's grace.

Your lips have made me drunk beyond my control,
your tongue dances with mine,
infusing me with the glamour of your soul.

Kissing your neck and squeezing your breasts,
the nectar of passion pulses throughout you.

Penetrating your yoni,
I feel the heaven my soul always knew.

Like waves of the ocean,
our bodies and souls collide in this rapturous dance.
Making love to you, my queen,
is Love's enchanting trance.

VOLUTTUOSA REGINA

Mia voluttuosa regina,
dentro quei tuoi splendidi occhi,
c'è un regno di bellezza che nessuno ha mai visto,
la mia fiamma gemella, l'anima dei miei sogni.

Dea fluente,
ogni ciocca dei tuoi capelli danza nel vento,
Desidero il tuo tocco aggraziato e le tue labbra dolci
finché non me ne sarò andato come il vento.

Ho visto il sole sorgere migliaia di volte,
ma non ho mai visto una bellezza così radiosa come il tuo viso.
Ho sentito la morbidezza della brezza estiva e della seta araba,
ma niente è paragonabile alla grazia del tuo tocco.

Le tue labbra mi hanno fatto ubriacare oltre il mio controllo,
la tua lingua balla con la mia,
infondendomi il fascino della tua anima.

Baciandoti il collo e stringendoti i seni,
il nettare della passione pulsa in te.
Penetrando la tua yoni,
Sento il paradiso che la mia anima ha sempre conosciuto.

Come le onde dell'oceano,
i nostri corpi e le nostre anime si scontrano
in questa danza estatica.
Fare l'amore con te, mia regina,
è l'incantevole trance dell'Amore.

PRIMORDIAL SHAKTI

I want to fuck your pussy so hard,
the soreness you feel in the days afterward
cause tremors of orgasms throughout your body.

I want to obliterate you open
to absolute rapturous annihilation,
where your screaming ecstasy
sings throughout valleys and mountains.

I want to penetrate you so deep,
holding my cock against your cervix
activates a blooming in you like a thousand-petal lotus,
spiraling the primordial shakti energy
throughout all of your chakras
as they dance with mine
in holy sacred sexy union.

I want to fill you so full with presence, power and cum,
pumping pure consciousness
inside your gorgeous *yoniverse*.

Oh my gorgeous fucking lover,
my ravenous desire,
you'll be fucked and loved so thoroughly,
you won't be able to walk
from how melted and blissful you feel,
and when you can't walk,
I'll carry you around,
and fuck your some more.

L'ENERGIA SHAKTI PRIMORDIALE

Voglio scoparti la figa così forte,
il dolore che senti nei giorni successivi
causare tremori orgasmici in tutto il corpo.

Voglio distruggerti aperto
all'assoluto annientamento estatico,
dove la tua estasi urlante
canta attraverso valli e montagne.

Voglio penetrarti così in profondità,
tenendo il mio pene contro la tua cervice
attiva in te un fiorire come un loto dai mille petali,
spiraleggiando l'energia shakti primordiale
in tutti i tuoi chakra
mentre ballano con i miei
in santa sacra unione appassionata.

Voglio riempirti così pieno di presenza, potenza e sperma,
pompando pura coscienza
dentro il tuo meraviglioso *yoniverse*.

Oh mio meraviglioso fottuto amante,
il mio famelico desiderio,
sarai fottuto e amato così a fondo,
non sarai in grado di camminare
da quanto ti senti aperto e beato,
e quando non puoi camminare,
ti porterò in giro,
e fottiti ancora un po'.

VOLUPTUOUS WITH DESIRE

Voluptuous with desire,
blooming with passion,
wet like the ocean,
ecstatic like the wind,
moaning with pleasure,
squealing with euphoria,
screaming with rapture,
squirting with abundance,
as you lay down beneath me,
your legs tossed over my shoulders,
clasping on so perfectly,
the rhythm between our hips
in sync with our souls
as we become the orgasmic field of fiery lovers
in sacred union,
masculine and feminine,
embracing one another
in primal fucking and soulful lovemaking.
Oh my voluptuous queen,
I want to ravish all your gorgeous curves
and fuck you wildly all night.

VOLUTTUOSO DI DESIDERIO

Voluttuoso di desiderio,
fiorito di passione,
bagnato come l'oceano,
estatico come il vento,
gemendo di piacere,
urlando di euforia,
urlando di estasi,
spruzzando con abbondanza,
mentre ti sdrai sotto di me,
le tue gambe sbattevano sulle mie spalle,
abbracciando così forte,
il ritmo tra i nostri fianchi
in sintonia con la nostra anima
mentre diventiamo il campo orgasmico degli amanti focosi
in sacra unione,
maschile e femminile,
abbracciandosi
nel sesso primordiale e nell'intimità spirituale.
Oh mia voluttuosa regina,
Voglio adorare tutte le tue belle curve
e fotterti selvaggiamente tutta la notte.

SUN-KISSED BRUNETTE

Sun-kissed brunette hair.
Waves that kiss my shoulders
like the ocean does the shore.

Your breasts pressed against my chest
as our lips join together
after such tremendous anticipation.

With one hand around the small of your back,
you feel completely held and grounded.

With my other hand gliding down the back of your head,
fingers massaging your scalp,
you melt in the bliss of such an enriching kiss.

My hand runs down the rest of your hair,
down your back to meet my other.

Holding you steady,
my hands move to your ass,
squeezing your cheeks with primal passion,

sending the flames of our fiery desire
throughout every cell in your body.

I move my lips down to meet your neck,
where I friskily and delicately bite,
sucking on your neck like a juicy fresh peach.

Kiss by kiss,
worshipping your body and soul,
unhooking your bra and adoring your tits.

All throughout this sensuous foreplay,
our chakras align like the planets in the Milky Way.

Perfectly in sync,
passionately in love,
fiery as a Phoenix,
sweet as a dove,
our lovemaking is transformationally magical.

You ride my cock,
orgasming beautifully,
your soul's pleasure singing rapturously.

Your tits,
oh your ever so glorious tits,
how I love to suck them as you bounce on my dick.

Here comes the big one,
my passionate lover.

Let yourself fully go,
I promise I'll hold you.

You scream with absolute euphoria,
clinging onto me,
digging your nails into my rock-hard chest,
lifting yourself up just a bit,
as your pussy squirts all over my balls,
like a jacuzzi jet.

I guide you back as you sit atop my cock,
holding you close and tight to my body,
flipping us over,
so now I'm on top,
kissing you passionately,
holding you just as your immovable rock.

CAPELLI CASTANI BACIATI DAL SOLE

Capelli castani baciati dal sole.
Onde che mi baciano le spalle
come l'oceano bacia la riva.

I tuoi seni premuti contro il mio petto
mentre le nostre labbra si uniscono
dopo tale tremenda attesa.

Con una mano intorno alla tua schiena,
ti senti completamente trattenuto e radicato.

Con l'altra mia mano che scivola lungo la parte posteriore
della tua testa,
dita che ti massaggiano il cuoio capelluto,
ti sciogli nella beatitudine di un bacio così arricchente.

La mia mano scorre sul resto dei tuoi capelli,
lungo la schiena per incontrare il mio altro.

Tenendoti fermo,
le mie mani si muovono sul tuo culo,

stringendoti le guance con passione primordiale,
mandando le fiamme del nostro ardente desiderio
in ogni cellula del tuo corpo.

Abbasso le mie labbra per incontrare il tuo collo,
dove ti bacio e ti mordo sensualmente,
succhiandoti il collo come una succosa pesca fresca.

Bacio dopo bacio,
adorando il tuo corpo e la tua anima,
ti tolgo il reggiseno e ti bacio le tette.

Per tutto questo sensuale preliminare,
i nostri chakra si allineano come i pianeti della Via Lattea.

Perfettamente sincronizzato,
appassionatamente innamorato,
focoso come una fenice,
dolce come una colomba,
il nostro fare l'amore è trasformativamente magico.

Tu cavalchi il mio cazzo,
orgasmo meravigliosamente,
il piacere della tua anima che canta estasiato.

Le tue tette,
oh le tue mai così gloriose tette,
come mi piace succhiarli mentre rimbalzi sul mio cazzo.

Ecco che arriva il grande,
il mio appassionato amante.

Lasciati andare completamente,
Ti prometto che ti terrò.

Tu urli con assoluta euforia,
aggrappato a me,
affondando le tue unghie nel mio petto duro come la roccia,
sollevandoti un po',
mentre la tua figa schizza su tutte le mie palle,
come un getto idromassaggio.

Ti guido indietro mentre ti siedi sul mio cazzo,
tenendoti forte e stretto al mio corpo,
cambiare posizione,
quindi ora sono in cima,
baciandoti appassionatamente,
tenendoti proprio come la tua roccia inamovibile.

THIS IS THE SONG OF OUR PASSION UNBRIDLED

Glimmering,
blossoming,
blooming,
drenching wet,
this is how your gorgeous pussy invites me in.

Deepening,
opening,
penetrating,
fucking,
lovemaking,
this is how my cock worships your pussy.

Pulsating,
palpating,
intoxicating,
invigorating,
this is the dance between our bodies and souls,
euphorically entrancing the field around is in synchronistic ecstasy.

Sweating,
moaning,
orgasming,
squirting,
flowing,
cumming,
screaming,
loving,
this is the song of our passion unbridled.

QUESTO È IL CANTO DELLA NOSTRA PASSIONE SFRENATA

Luccicante,
fioritura,
scintillante,
bagnato fradicio,
è così che la tua splendida figa mi invita a entrare.

Approfondimento,
apertura,
penetrante,
sesso appassionato,
fare l'amore,
ecco come il mio cazzo adora la tua figa.

Martellante,
pompaggio,
intossicante,
tonificante,
questa è la danza tra i nostri corpi e le nostre anime,
incantando euforicamente il campo intorno a noi in un'estasi sincronica.

Sudorazione,
lamenti,
orgasmo,
spruzzando,
fluente,
in arrivo,
urlando,
amorevole,
questo è il canto della nostra passione sfrenata.

WHY STOP THIS HOLY PASSION

Glowing like an angel,
radiating like the sun,
blooming like a flower,
my God, we'll have some fun.

Prowling on the bed towards me,
my lioness, looking so hungry,
stroking my shaft as you gaze into me eyes,
toying with the tip of my cock, preparing me for the surprise,
as you engulf my cock,
taking me deep within,
your throat chakra envelops me
with the passion of the feminine.

Hard as stone, thick and ready,
you climb atop me and ride me steady,
your gorgeous tits bouncing full with pride,
moaning with every time my cock glides,
serenading your g-spot so magically,
you can't help but scream so rapturously.

My rugged hands grasp your breasts with vigor,
fucking you, making love to you,
claiming you, now and forever.

Oh my lover, how you consecrate this bed,
wetting the sheets with your glorious pussy juices,
as the flood from deep within,
the place of orgasmic Heaven.

Like this, we'll have each other non-stop,
because why stop this holy passion that burns us so hot.

PERCHÉ FERMARE QUESTA SANTA PASSIONE

Splende come un angelo,
raggiante come il sole,
sbocciando come un fiore,
mio Dio, ci divertiremo un po'.

aggirandosi sul letto verso di me,
mia leonessa, sembrando così affamata,
accarezzando la mia asta mentre mi guardi negli occhi,
giocherellando con la punta del mio cazzo, preparandomi alla sorpresa,
mentre inghiotti il mio cazzo,
portandomi nel profondo,
il tuo chakra della gola mi avvolge
con la passione del femminile.

Duro come pietra, spesso e pronto,
ti arrampichi su di me e mi cavalchi con fermezza,
le tue bellissime tette rimbalzano piene di orgoglio,
gemendo ogni volta che il mio cazzo scivola,
facendo una serenata al tuo punto g in modo così magico,
non puoi fare a meno di urlare in modo così estatico.

Le mie mani robuste afferrano i tuoi seni con vigore,
fotterti, fare l'amore con te,
rivendicandoti, ora e per sempre.

Oh amore mio, come consacri questo letto,
bagnando le lenzuola con i tuoi gloriosi succhi di figa,
come il diluvio dal profondo,
il luogo del paradiso orgasmico.

In questo modo, ci avremo l'un l'altro senza sosta,
perché perché fermare questa santa passione che ci brucia
così ardentemente.

THIS IS THE CELEBRATION OF OUR COMING HOME.

Oh, that glance you give me,
as you lay on your back,
inviting my presence deeply,
to explore all your sacredly sensual mysteries.

Your beauty is alluring my soul,
like the moonlight kissing the earth with her radiance.

The taste of your lips
has intoxicated my body
like a potent wine.

So feverish for more,
I've lost myself in the magic of our lovemaking.

Your neck,
smooth and hot with passion,
has become my next focus,
as I kiss,
bite,
and suck on her with passion.

Your breasts,
oh, your glorious breasts,
they must be passionately massaged and worshipped
with my big hands and my tongue
until I feel your tits perk totally hard
by the magic of our enrapturing union.

I want to kiss you,
stroke you,
massage you,
lick you until your pussy juices
are cascading down your legs,
forming a puddle of your ecstasy beneath us.

Then, and only then,
will I steady my hard pillar of consciousness
to penetrate you fully,
kissing your cervix on my first thrust in,
holding still to activate your kundalini orgasm
throughout your chakras and out your crown
in complete universal bliss.

Oh my gorgeous goddess,
tonight we'll have the most ravenous worship together,
consecrating the bed with your glorious squirting orgasms,
going long into the morning,
kissing uncontrollably,
only stopping to gasp for air at times.

This is the celebration of our coming Home.

QUESTA È LA CELEBRAZIONE DEL NOSTRO RITORNO A CASA

Oh, quello sguardo che mi dai,
mentre ti sdrai sulla schiena,
invitando profondamente la mia presenza,
per esplorare tutti i tuoi misteri sacramente sensuali.

La tua bellezza seduce la mia anima,
come il chiaro di luna che bacia la terra con il suo splendore.

Il sapore delle tue labbra
ha intossicato il mio corpo
come un vino potente.

Così febbricitante per altro vino,
Mi sono perso nella magia del nostro fare l'amore.

Il tuo collo,
liscia e calda di passione,
diventa il mio prossimo obiettivo,
mentre bacio,
morso,

e succhiala con passione.

i tuoi seni,
oh, i tuoi seni gloriosi,
devono essere massaggiati e adorati con passione
con le mie grandi mani e la mia lingua
finché non sento le tue tette eccitarsi completamente
dalla magia della nostra rapitrice unione.

Voglio baciarti,
accarezzarti,
ti massaggia,
leccarti fino al succo della tua figa
stanno cadendo giù per le tue gambe,
formando una pozza della tua estasi sotto di noi.

Allora, e solo allora,
potrò stabilizzare il mio duro pilastro della coscienza
per penetrarti completamente,
baciandoti la cervice alla mia prima spinta dentro,
rimanere fermo per attivare il tuo orgasmo kundalini
attraverso i tuoi chakra e fuori dalla tua corona
in completa beatitudine universale.

Oh mia bella dea,
stasera faremo insieme la più vorace preghiera devozionale,
consacrando il letto con i tuoi gloriosi orgasmi spruzzando,
andando a lungo fino al mattino,
baci incontrollabili,
fermandosi solo per ansimare a volte.

Questa è la celebrazione del nostro ritorno a Casa.

OH THE HUNGER THAT CONSUMED ME

Oh the hunger that consumed me
the moment I saw your gorgeous face,
I couldn't sleep
without becoming overcome
by this voracious desire to ravish you
in such profound ways that
no creation has ever received,
ways of being so thoroughly
pleasured and worshipped,
where our lips adorn each other,
my tongue anoints your body,
my hands appreciate every sensual curve,
and my cock pulverizes your pussy
into embodied heavenly ecstasy.

Oh my luscious goddess,
when you're sitting on my cock,
your regal throne,
I will fuck you through countless dimensions
of utterly rapturous pleasure.

Pumping you with presence,
passion,
power,
and love
is the purpose
I most hungrily ache to serve.

Your orgasms are the music I desire most,
as you scream uncontrollably,
losing yourself in spiritual flight,
where time and gravity seem to stop
and you are in the zero point of eternal euphoria.

Oh luscious goddess,
I desire your pussy more than food
and your lips more than water.

OH LA FAME CHE MI HA CONSUMATO

Oh la fame che mi ha consumato
nel momento in cui ho visto il tuo bel viso,
non riuscivo a dormire
senza farsi sopraffare
da questo vorace desiderio di amarti
in modi così profondi che
nessuna creazione ha mai ricevuto,
modi di essere così profondamente
compiaciuto e adorato,
dove sono adornate le nostre labbra,
la mia lingua unge il tuo corpo,
le mie mani apprezzano ogni curva sensuale,
e il mio cazzo polverizza la tua figa
nell'estasi celeste incarnata.

Oh mia bella dea,
quando sei seduto sul mio cazzo,
il tuo trono regale,
Ti fotterò attraverso innumerevoli dimensioni
di un piacere assolutamente estatico.

Pompandoti con presenza,
passione,
energia,
è amore
è lo scopo
Ho un grande desiderio di servire.

I tuoi orgasmi sono la musica che desidero di più,
mentre urli incontrollabilmente,
perdersi nel volo spirituale,
dove il tempo e la gravità sembrano fermarsi
e sei al punto zero dell'eterna euforia.

Oh bella dea,
Voglio la tua figa più del cibo
e le tue labbra più dell'acqua.

PULSING WITH PASSION

Pulsing with passion,
dancing with desire,
alluring with attraction,
magnetic with mystery,
you are the empress of my cock,
the Queen who rides me throughout the realms,
beyond all the heavens into eternal ecstasy,
our homeland,
our Loveland,
our nest,
our sacred grounds for our passionate lovemaking.

Oh my empress,
your pussy will be worshipped by me
with a ravenous hunger
unparalleled to all the devoted apostles combined.

My cock will pierce the veils of this illusory matrix,
penetrating and fucking you open
to the glory of your spiritual nature,
the glory of God.

My cum will fill you to the brim,
coating your pussy and cervix
with my righteous desire for you.

PULSANTE DI PASSIONE

Pulsante di passione,
ballando con desiderio,
seducente con attrazione,
magnetico di mistero,
sei l'imperatrice del mio cazzo,
la Regina che mi cavalca attraverso i regni,
oltre tutti i cieli nell'estasi eterna,
la nostra patria,
la nostra terra d'amore,
il nostro nido,
il nostro terreno sacro per il nostro amore appassionato.

Oh mia imperatrice,
la tua figa sarà adorata da me
con una fame feroce
impareggiabile per tutti i devoti apostoli messi insieme.

Il mio cazzo trafiggerà i veli di questa matrice illusoria,
penetrando e scopandoti
a gloria della tua natura spirituale,
la gloria di Dio.

Il mio sperma ti riempirà fino all'orlo,
ricoprendo la figa e la cervice
con il mio giusto desiderio per te.

FEMININE OCEAN OF PLEASURE

Oh my passionate queen!

You're the sensuous spirit
that makes all my cells dance with desire.

Oh,
how you allure me with your radiance,
your gorgeous smile,
inviting me into the door of your lips.

The intoxication of our tongues
marinating one another
with the passion of our souls
has made us escape the bounds of time and space.

My tongue,
worshipping your sexy tits,
as I suck on them,
squeezing with my lips,
as my fingers caress and activate your g-spot,
will take you to greater dimensions of ecstasy,

where you feel the glory of the universe
orgasming from within you.

As we make love,
as you feel my cock penetrating you
at the entrance of your lips,
I will fuck you with the sheer power
of the insatiable hunger
I've had for your soul.

Oh you gorgeous queen of mine,
tonight will be a feast of orgasmic abundance.

Your glorious pussy
will be running like the rivers of divinity,
anointing my cock with your pussy magic
as you tremble with you euphoria,
becoming the feminine ocean of pleasure.

L'OCEANO FEMMINILE DEL PIACERE

Oh mia regina appassionata!

Tu sei lo spirito sensuale
che fa danzare di desiderio tutte le mie cellule.

Oh,
come mi seduci con la tua bellezza,
il tuo bel sorriso,
invitandomi alla porta delle tue labbra.

Inebriato dalle nostre lingue che danzano
marinando l'un l'altro
con la passione delle nostre anime
ci ha fatto sfuggire i limiti del tempo e dello spazio.

La mia lingua,
adorando le tue tette sexy,
mentre li succhio,
stringendo con le mie labbra,
mentre le mie dita accarezzano e attivano il tuo punto g,
ti porterà a dimensioni maggiori dell'estasi,

dove senti la gloria dell'universo
avere un orgasmo dentro di te.

Mentre facciamo l'amore,
mentre senti il mio cazzo penetrarti
all'ingresso delle tue labbra,
Ti fotterò con il potere puro
della fame insaziabile
Provo per la tua anima.

Oh, mia bella regina,
stasera sarà una festa di abbondanza orgasmica.

La tua figa gloriosa
farà scorrere i suoi succhi come i fiumi della divinità,
benedicendo il mio cazzo con la magia della tua figa
mentre tremi con te euforia,
diventando l'oceano femminile del piacere.

WILDLY SEXY EMPRESS

Oh my wildly sexy empress,
You have invoked a passion
that has made me more drunk than
a thousand barrels of wine could do.

Your lips are my erotic lovers,
the perfect pair for mine.

As we make love into the night,
my hand clenching your hair tightly,
our eyes looking into the depths of our souls,
I want to fuck your pussy into ecstatic oblivion
and to witness your orgasms echo
all the way throughout the heavens.

Soar as high as you cherish,
my lover,
for I am your volcanic base,
ready to launch you with my explosion of passion.

IMPERATRICE SELVAGGIAMENTE SEDUCENTE

Oh mia imperatrice selvaggiamente seducente,
Hai invocato una passione
che mi ha reso più ubriaco di
potrebbero bastare mille botti di vino.

Le tue labbra sono le mie amanti erotiche,
la coppia perfetta per la mia.

Mentre facciamo l'amore nella notte,
la mia mano che ti stringo forte i capelli,
i nostri occhi che guardano nel profondo delle nostre anime,
Voglio scopare la tua figa nell'oblio estatico
e assistere all'eco dei tuoi orgasmi
fino in fondo per i cieli.

Librati in alto come ami,
il mio amante,
poiché io sono la tua base vulcanica,
pronto a lanciarti con la mia esplosione di passione.

MY DIVINE EMPRESS

My divine empress,
who comes from the highest dimensions,
whose kiss invokes rapture,
whose tongue is pure pleasure,
whose eyes speak to my soul,
whose breasts are utter passion,
whose body I hungrily worship,
whose pussy is the gateway to Heaven.

Oh empress of mine,
I wish to fuck you with the passion that created the worlds.

I wish to fill you with all my power and presence, all the way through your trembling echoing orgasms.

Come my beloved,
let's make love until the world is blessed
by your orgasmic chants.

MIA DIVINA IMPERATRICE

Mia divina imperatrice,
che viene dalle dimensioni più alte,
il cui bacio invoca rapimento,
la cui lingua è puro piacere,
i cui occhi parlano alla mia anima,
i cui seni sono passione assoluta,
il cui corpo adoro avidamente,
la cui figa è la porta del paradiso.

Oh mia imperatrice,
Vorrei fotterti con la passione che ha creato i mondi.

Desidero riempirti di tutto il mio potere e presenza, per tutto il percorso attraverso i tuoi tremanti orgasmi echeggianti.

Vieni mio amato,
facciamo l'amore finché il mondo non sarà benedetto dai tuoi canti orgasmici.

ALL TO TASTE THE GLORIOUS KISS

Your beauty is endless blooming,
like a flower that never stops blossoming.

Your heart smiles through your eyes,
your lips has kissed me beyond heaven's highs.

You sing through my dreams,
keeping me ever-wakeful,
anticipating our union, so ever-fateful.

Oh beloved,
Queen of my desires,
I would plunge down to the earth,
ward off Hell's greatest fires,
all to taste the glorious kiss,
to bask in your lips ecstatic bliss.

TUTTO PER ASSAPORARE IL BACIO GLORIOSO

La tua bellezza è una fioritura infinita,
come un fiore che non smette mai di sbocciare.

Il tuo cuore sorride attraverso i tuoi occhi,
le tue labbra mi hanno baciato oltre le altezze del cielo.

Canti attraverso i miei sogni,
tenendomi sempre sveglio,
Anticipando la nostra unione, così fatale.

Oh amato,
Regina dei miei desideri,
mi tufferei a terra,
allontana i più grandi fuochi dell'inferno,
tutto per assaporare il bacio glorioso,
per crogiolarti nelle tue labbra beatitudine estatica.

CLIMB ATOP YOUR THRONE

Climb atop your throne,
my empress lover,
and be taken beyond the seven heavens
as you ride on my cock
like your spaceship through the universe.

Let yourself be fully expressed,
every sound and movement
to flow however you wish,
for I'm your base,
and with me,
you're completely free to bloom more as yourself.

Your breasts in my face,
such a glorious present,
one I'll make sure feels completely received
as I flicker my tongue and suck on your tits.

Oh my empress lover,
let's ride beyond time and space,
to the realms our souls first met as lovers.

SALI IN CIMA AL TUO TRONO

Sali in cima al tuo trono,
mia amante imperatrice,
e sarai portato al di là dei sette cieli
mentre mi cavalchi sul cazzo
come la tua navicella spaziale attraverso l'universo.

Lasciati esprimere pienamente,
ogni suono e movimento
fluisci come vuoi,
perché io sono la tua base,
e con me,
sei completamente libero di sbocciare di più come te stesso.

I tuoi seni sul mio viso,
un dono così glorioso,
uno che mi assicurerò si senta completamente apprezzato
mentre ballo la mia lingua e ti lecco le tette.

Oh mia amata imperatrice,
cavalchiamo oltre il tempo e lo spazio,

ai regni che le nostre anime incontrarono per la prima volta come amanti.

SINKING DEEPER

Bright with beauty,
lips luscious with passion,
your beauty has made me drunk.

Oh goddess of my desires,
I hunger to learn every secret
your tongue has to share with mine,
to brew myself in the passion of kissing your lips,
sinking deeper into this cherished moment of oneness
with you.

SPROFONDANDO

Brillante di bellezza,
labbra grondanti di passione,
la tua bellezza mi ha fatto ubriacare.

Oh dea dei miei desideri,
Ho fame di imparare ogni segreto
che la tua lingua deve condividere con la mia,
per farmi fermentare nella passione di baciare le tue labbra,
sprofondando in questo caro momento di unità con te.

TREASURED MOONLIGHT

I'll hold your face like the treasured moonlight,
kissing your lips like a well of divinity,
penetrating your pussy like a portal to Love,
fucking you with all my passion, strength, and presence.

IL PREZIOSO CHIARO DI LUNA

Terrò il tuo viso come il prezioso chiaro di luna,
baciando le tue labbra come un pozzo di divinità,
penetrando la tua figa come un portale per l'amore,
fottendoti con tutta la mia passione, forza e presenza.

LET'S ENJOY ALL NIGHT THIS ELATION.

You come to me from another dimension,
in this Union,
timespace in suspension,
coming together,
like fire and water,
this passion is burning intensely hotter.
Ripping off your clothes,
our bodies naked and activated,
lips come together,
tongues celebrated.
Burning in pleasure,
spirits soaring freely.
For your gorgeous pussy,
my appetite is beastly.
Caressing your body with my tongue,
I fill you deeply with my cock that's hung,
sprung with passion,
it's time for action,
moan aloud your sexy chants,
your pleasure adds fire, your orgasms,

power they grant.
This trembling within is divine jubilation.
Let's enjoy all night this elation.

GODIAMOCI QUESTA ESULTANZA TUTTA LA NOTTE.

Sei venuto da me da un'altra dimensione,
in questa Unione,
spazio-tempo in sospensione,
venendo insieme,
come fuoco e acqua,
questa passione sta bruciando intensamente più calda.
Strappandoti i vestiti,
i nostri corpi nudi e attivati,
le labbra si uniscono,
le nostre lingue stanno celebrando.
Bruciando di piacere,
spiriti che volano liberamente.
Per la tua splendida figa,
il mio appetito è bestiale.
Accarezzando il tuo corpo con la mia lingua,
Ti riempio profondamente con il mio grosso cazzo,
raggiante di passione,
è tempo di agire,
gemi ad alta voce le tue canzoni sexy,
il tuo piacere aggiunge fuoco, i tuoi orgasmi,

potere che concedono.
Questo tremore interiore è giubilo divino.
Godiamoci questa esultanza tutta la notte.

PAINT YOUR NAKED BODY

I want to paint your naked body
with more than a paintbrush,
rather my tongue,
licking you sacredly,
every contact
stimulating thousands of nerve endings,
sending the signals to your brain
to release a biochemical cocktail
of absolutely trembling euphorias.

DIPINGERE IL TUO CORPO NUDO

Voglio dipingere il tuo corpo nudo
con più di un semplice pennello,
piuttosto la mia lingua,
leccandoti sacramente,
ogni contatto
stimolando migliaia di terminazioni nervose,
inviando i segnali al tuo cervello
per rilasciare un cocktail biochimico
di euforia assolutamente tremante.

TORNADO OF SENSUALITY

You came into my life like a tornado of sensuality,
unbridled passion merged spirituality and sexuality,
ripping apart all temptations,
hungering to be penetrated to absolute liberation.
Your soul perfumed her fragrant desire,
It set my soul aflame with passion,
running rampant like wildfire.
Your lips, oh how they drive me mad,
The day I kissed them, the universe was glad,
The day two souls reunited as lovers,
Choirs of rejoice were felt by the angels who hover
Beyond us as they tugged the strings
To bring together this queen and king.
Your breasts, full with delight,
Grasping them, I take you into pleasurable flight,
All the while thrusting you with might,
Penetrating you with the divine light.
Your pussy deserves the best,
She needs to be ravished with zest.
In our lovemaking,
Your beauty is breathtaking,

The way your hair flows
And how your being glows,
And how your moans enchant
In ways sacred prayers can't.
Oh this passion is utterly divine,
Come now my lover, you're mine.
We have lifetimes of catching up to do,
And I have plenty of love to give to you.

TORNADO DI SENSUALITÀ

Sei entrato nella mia vita come un tornado di sensualità,
passione sfrenata combinava spiritualità e sessualità,
strappando via tutte le tentazioni,
desiderosi di essere penetrati verso la liberazione assoluta.
La tua anima profumava il suo fragrante desiderio,
Ha acceso la mia anima con passione,
correndo rampante come un fuoco.
Le tue labbra, oh come mi fanno impazzire,
Il giorno in cui li ho baciati, l'universo era felice,
Il giorno in cui due anime si unirono come amanti,
Cori di gioia sono stati uditi dagli angeli che volteggiavano
Dietro di noi mentre tiravano i fili
Per riunire questa regina e questo re.
I tuoi seni, pieni di gioia,
Afferrandoli, ti porto su un volo piacevole,
Per tutto il tempo spingendo forte,
Ti sto penetrando con la luce divina.
La tua figa merita il meglio,
Ha bisogno di essere benedetta dall'estasi.
Nel nostro fare l'amore,
La tua bellezza è mozzafiato,

Il modo in cui scorrono i tuoi capelli
E come brilla il tuo essere,
E come incantano i tuoi gemiti
In modi che le preghiere sacre non possono.
Oh questa passione è assolutamente divina,
Vieni ora amore mio, sei mio.
Abbiamo vite da recuperare da fare,
E ho tanto amore da darti.

QUEEN OF MY UNIVERSE

Oh Queen of my Universe!
Your radiance dispels any curse.
Your glorious beauty shines so bright.
Your soul and mine, together, so right.
Those deep brown eyes, vibrant and playful,
locked with my eyes, a moment so fateful.
In my presence, may you always feel warm,
to be yourself fully, be it sunshine or a storm.
And if it's a storm, let the tides of our passion rise.
I see the ocean of love every time I look in your eyes.
When our lips come into collision,
we are one again, no longer under the spell of division.
Tongues swirl together like whirlpools of bliss,
our whole bodies stimulated through such a powerful kiss.
The magnetism between us is ever so natural,
but our soul synergy, that is supernatural.
Head between your knees, I'm in prayer position,
licking you to ecstasy is my mission.
You arch your back, panting and moaning,
you grab my shaft, I begin groaning.
Pushing me onto my back, you kiss your way down me,

your tongue flickers around the tip of my shaft,
kissing so sensually.
Head-bobbing, grasping your golden hair as I'm blown,
I let out a primal groan.
Now my Queen, sit atop your throne,
your lips have made me hard like bone.
Consumed like wildfire,
liberated is our desire.
As I ravish you entire,
your soul ascending higher.
Orgasming your own choir,
your pleasure I admire.

REGINA DEL MIO UNIVERSO

Oh Regina del mio Universo!
Il tuo splendore dissipa ogni maledizione.
La tua gloriosa bellezza risplende così luminosa.
La tua anima e la mia, insieme, così bene.
Quegli occhi marroni profondi, vibranti e giocosi,
mi guardò negli occhi, un momento così fatidico.
In mia presenza, possa tu sentirti sempre caldo,
per essere completamente te stesso,
che si tratti del sole o di una tempesta.
E se è una tempesta,
che le maree della nostra passione si alzino.
Vedo l'oceano dell'amore ogni
volta che ti guardo negli occhi.
Quando le nostre labbra si scontrano,
siamo di nuovo uno,
non più sotto l'incantesimo della divisione.
Le lingue turbinano insieme come vortici di beatitudine,
tutti i nostri corpi stimolati da un bacio così potente.
Il magnetismo tra noi è sempre così naturale,
ma la nostra sinergia dell'anima, quella è soprannaturale.
Testa tra le tue ginocchia, sono in posizione di preghiera,

leccarti in estasi è la mia missione.
Inarca la schiena, ansimando e gemendo,
prendi il mio cazzo, inizio a gemere.
Spingendomi sulla schiena, mi baci
la tua lingua tremola intorno alla punta della mia asta,
baciandomi in modo così sensuale.
Oscillando la testa,
afferrando i tuoi capelli dorati mentre vengo soffiato,
Ho emesso un gemito primordiale.
Ora mia regina, siediti in cima al tuo trono,
le tue labbra mi hanno reso duro come un osso.
Consumato a macchia d'olio,
liberato è il nostro desiderio.
Mentre ti scopo completamente,
la tua anima sale più in alto.
Orgasmo il tuo stesso coro,
il tuo piacere lo ammiro.

SEDUCTRESS OF MY SOUL

Empress of my desires,
Seductress of my soul,
come bask with me in this pool of passion,
let's strip away all barriers,
become naked and wild and drunk.
Let's make love until the moon shows us her hidden face,
and until the sun sets in the East.
Let's dance with our chakras
throughout the ascended realms,
then embody all that glory into this place here and now,
sanctifying the space with our passionate delight.

SEDUTTRICE DELLA MIA ANIMA

Imperatrice dei miei desideri,
Seduttrice della mia anima,
vieni a crogiolarti con me in questa piscina di passione,
togliamo tutte le barriere,
diventi nudo, selvaggio e ubriaco.
Facciamo l'amore finché la luna non ci mostra il suo volto nascosto,
e fino a quando il sole tramonta a est.
Balliamo con i nostri chakra
in tutti i regni ascesi,
quindi incarna tutta quella gloria in questo luogo qui e ora,
santificando lo spazio con la nostra passione appassionata.

TEMPERATURE

Oh empress of all desires,
those eyes gleam with passionate fire.
They look upon me with both love and lust,
carnal passion and glorious stardust,
alluring me into your depths,
like the sun shining throughout the solar system,
exploring the temperature of your soul's ecosystem,
fervidly burning, drenching wet,
fucking you wild till the bed's filled with sweat.

TEMPERATURA

Oh imperatrice di tutti i desideri,
quegli occhi brillano di fuoco appassionato.
Mi guardano con amore e lussuria,
passione carnale e gloriosa polvere di stelle,
seducendomi nelle tue profondità,
come il sole che splende in tutto il sistema solare,
esplorare la temperatura dell'ecosistema della tua anima,
ardentemente ardente, bagnato fradicio,
fottendoti selvaggiamente finché il letto
non è pieno di sudore.

THIS IS A NIGHT I HOPE NEVER ENDS

Oh the passion
as you stare up into my eyes
with those gorgeous hazel-green eyes,
as our hips rock to the rhythm of passion
and our hearts sync to the music of love,
our breath panting together in jubilation,
your moans echoing throughout the dimensions,
my grunts pumping more powerful presence
into your pussy and throughout your being.
Oh my gorgeous lioness,
this is a night I hope never ends.

QUESTA È UNA NOTTE CHE SPERO NON FINISCA MAI

Oh la passione
mentre mi guardi negli occhi
con quegli splendidi occhi verde nocciola,
mentre i nostri fianchi oscillano al ritmo della passione
e i nostri cuori si sincronizzano con la musica dell'amore,
il nostro respiro ansante insieme di giubilo,
i tuoi gemiti echeggiano attraverso le dimensioni,
i miei grugniti pompano una presenza più potente
nella tua figa e per tutto il tuo essere.
Oh mia splendida leonessa,
questa è una notte che spero non finisca mai.

LOVE'S PASSIONATE FIRE

You gave me that brilliant glance,
brighter than the fullness of the moon.
Your eyes spoke to me in ways
that no language could ever express.
They shared with me their secrets
and their truest of desires,
alluring me deeper into the core of your existence,
into the core of all existence.
You kissed me with those lips,
full and blooming like a thousand rose gardens,
embedding my lips with the nectar of Love.
Oh my angel faced lover,
tonight I plan to take you to the depths of your soul.
I want you to scream with pleasure
as I penetrate you with righteousness.
Fate has brought us together,
once again,
in a new lifetime,
in new forms,
yet the same two souls that,

when together,
become Love's passionate fire.

IL FUOCO APPASSIONATO DELL'AMORE

Mi hai dato quello sguardo brillante,
più luminoso della pienezza della luna.
I tuoi occhi mi parlavano in modi
che nessun linguaggio potrebbe mai esprimere.
Hanno condiviso con me i loro segreti
e i loro desideri più veri,
seducendomi più a fondo nel cuore della tua esistenza,
nel cuore di tutta l'esistenza.
Mi hai baciato con quelle labbra,
pieno e fiorito come mille roseti,
infondendo le mie labbra con il nettare dell'Amore.
Oh mio amante dalla faccia d'angelo,
stasera ho intenzione di portarti
nel profondo della tua anima.
Voglio che urli di piacere mentre
io ti penetro con rettitudine.
Il destino ci ha uniti,
di nuovo,
in una nuova vita,
in nuove forme,

eppure le stesse due anime che,
quando insieme,
diventa il fuoco appassionato dell'Amore.

RIDE ME LIKE THE WILD OCEAN

Oh my lover,
I'm strong and ready for you.
Ride me like the wild ocean.
I have so much to give.
Lay prone like a lioness
as her king delivers the royal treatment.
The walls will be screaming with ecstasy,
The floor dancing with passion,
The bed squeaking with splendor,
The roof jumping to the heavens.

CAVALCAMI COME L'OCEANO SELVAGGIO

Oh mio amante,
Sono forte e pronto per te.
Cavalcami come l'oceano selvaggio.
Ho così tanto da dare.
Sdraiati a faccia in giù come una leonessa
mentre il suo re offre il trattamento regale.
I muri urleranno di estasi,
La pista da ballo con passione,
Il letto scricchiola di splendore,
Il tetto che salta al cielo.

SO DEEP

Oh my empress,
come sit atop your throne,
my cock is nice and hard,
strong like a bone.
Ride me through the galaxies,
as you sing your cheerful orgasms along the way.
Take me in all the way,
so deep that you lose yourself in this field of ecstasy.

COSÌ IN PROFONDITÀ

Oh mia imperatrice,
vieni a sederti in cima al tuo trono,
il mio cazzo è bello e duro,
forte come un osso.
Cavalcami attraverso le galassie,
mentre canti i tuoi allegri orgasmi lungo la strada.
Portami nel profondo di te
così in profondità che ti perdi in questo campo di estasi.

HOUR AFTER HOUR

My glorious dear,
eyes filled with cheer,
heart exploding with love,
beautiful and free like a dove,
collapsed in my arms so peacefully,
nestled into my chest so blissfully,
kissing post-orgasmic ecstasy,
legs wrapped around mine helplessly,
still drenching wet from our epic fuck,
this feeling we share is beyond all luck,
when souls come together like this,
all we crave is the magic of our kiss,
we kiss with our lips and all our body,
we make love so often, who needs a hobby,
climbing atop me, breasts bouncing,
your hips grinding, my cock pouncing,
deeply I kiss your cervix with my head,
you scream with passion, shaking the bed,
"Fuck me my lover, hour after hour.
Then when you're done fucking me,
let's fuck in the shower."

with delight, my sexual priestess,
I'll fuck you both as my duchess and my mistress,
on top, below, behind, every way,
slow, fast, deep, hard, every day.
Squirting your juiciness all over my cock,
then taking me in again as I'm hard as a rock,
drenching the bed with your ocean of pleasure,
every time we fuck it's a richness beyond treasure.
Come my lover, let's fuck into eternity,
escaping the time-space insanity,
two souls merging as One,
becoming the passionate dance of the Sun.

ORA DOPO ORA

Mio glorioso tesoro,
occhi pieni di gioia,
cuore che esplode d'amore,
bella e libera come una colomba,
crollato tra le mie braccia così pacificamente,
annidato nel mio petto così beatamente,
baciare l'estasi post-orgasmica,
gambe avvolte intorno a me inermi,
ancora inzuppato dalla nostra scopata epica,
questa sensazione che condividiamo è al di là della fortuna,
quando le anime si uniscono così,
tutto ciò che vogliamo è la magia del nostro bacio,
ci baciamo con le nostre labbra e tutto il nostro corpo,
facciamo l'amore così spesso, chi ha bisogno di un hobby,
salendo su di me, i tuoi seni rimbalzano,
i tuoi fianchi ballano, il mio cazzo che salta,
Bacio profondamente la tua cervice con la testa,
urla di passione, scuotendo il letto,
"Fottimi amore mio, ora dopo ora.
Poi quando hai finito di scoparmi,
scopiamo sotto la doccia.

con gioia, mia sacerdotessa sessuale,
Ti scoperò sia come mia duchessa che come mia amante,
su, giù, dietro, in ogni modo,
lento, veloce, profondo, duro, ogni giorno.
Spruzzando la tua succosità su tutto il mio cazzo,
poi accoglimi ancora perché sono duro come una roccia,
inzuppando il letto con il tuo oceano di piacere,
ogni volta che scopiamo è una ricchezza oltre il tesoro.
Vieni amore mio, scopiamo nell'eternità,
sfuggire alla follia spazio-temporale,
due anime che si fondono come una,
diventando l'appassionata danza del Sole.

BETWEEN YOUR LEGS

Between your legs,
I find my place of worship.
Inside your pussy,
I find the temple of God.
With every thrust,
I bless forth a more magical world.
With your every receiving,
bountiful prayers blossom within you.
Deep inside you,
holding still,
as my pillar is pressed against your cervix,
I shoot my consciousness in a continuous funnel of energy,
activating the phenomenal kundalini wave
from within the depths of your womb
throughout your every chakra,
vertebrae,
and cell of your being.

TRA LE TUE GAMBE

Tra le tue gambe,
Trovo il mio luogo di culto.
Dentro la tua figa,
Trovo il tempio di Dio.
Ad ogni spinta,
Benedico un mondo più magico.
Ad ogni tuo ricevimento,
le preghiere abbondano sbocciano dentro di te.
Nel profondo di te,
fermato,
come la mia verga è premuta contro la tua cervice,
Sparo la mia consapevolezza focalizzata in un continuo
imbuto di energia,
attivando la fenomenale onda kundalini
dal profondo del tuo grembo
in ciascuno dei tuoi chakra,
vertebre,
e cellula del tuo essere.

MAGNET OF MY ATTRACTION

You are the magnet of my attraction.
The way those sexy fingers of yours
so softly,
yet powerfully,
take hold of my cock
as your palm exudes
the energy of your feminine passionate spirit,
sending pulse waves
throughout my throbbing hard cock,
has my soul fuming with desire.
The way those luscious voluptuous lips
elegantly and sensuously
take me into your mouth with love
has every cell in my body
focused on your glorious, sexy beauty.
The way those hungry brown eyes
look up at me as you suck my cock
with every stroke of your hands
and every caress of your tongue, lips, and cheeks
has me on the edge of ecstasy.
The way you take me all the way in,

against your throat,
gagging and slobbering,
anointing my cock with your essence,
has me riding the waves of explosive pleasure.
Oh my empress lover,
Take my every pump of passion deep into your core.
Let it fill you like you've filled me with rapture.

CALAMITA DELLA MIA ATTRAZIONE

Sei la calamita della mia attrazione.
Come quelle tue dita sexy
così dolcemente,
eppure potentemente,
prendi il mio cazzo
mentre il tuo palmo trasuda
l'energia del tuo appassionato spirito femminile,
invio di onde magnetiche
attraverso il mio cazzo duro e palpitante,
la mia anima brucia di desiderio.
Il modo in cui quelle labbra sensuali e voluttuose
elegantemente e sensualmente
portami nella tua bocca con amore
ha ogni cellula del mio corpo
concentrato sulla tua bellezza gloriosa e sexy.
Il modo in cui i tuoi occhi marroni hanno fame
mentre mi guardi e mi fai una fellatio
ad ogni colpo delle tue mani
e ogni carezza della tua lingua,
delle tue labbra e delle tue guance
mi ha sull'orlo dell'estasi.

Il modo in cui mi porti fino in fondo
contro la tua gola,
bavaglio e sbavando,
ungendo il mio cazzo con la tua essenza,
mi fa cavalcare le onde del piacere esplosivo.
Oh mia amata imperatrice,
Voglio che porti ogni mia pompa
di passione nel profondo del tuo nucleo.
Voglio che tu mi permetta di riempirti
come mi hai riempito di estasi.

OUR LIPS ARE MEDICINE

Our lips are medicine for each others soul,
and I plan for strong dosages with you,
my Empress lover.

LE NOSTRE LABBRA SONO UNA MEDICINA

Le nostre labbra sono una medicina per l'anima dell'altro,
e ho intenzione di fare dosi forti con te,
il mio amante.

YOUR LIPS, YOUR SOUL

Your lips,
plump with desire.
Your breasts,
busting with passion.
Your eyes,
alluringly gleaming.
Your lashes,
full with readiness.
Your nose,
intoxicated with attraction.
Your hair,
screaming to be pulled.
Your hands,
begging to be pinned.
Your neck,
yearning to be bitten.
Your ears,
longing to be nibbled.
Your tits,
rising to be sucked.
Your navel,

aching to be kissed.
Your hips,
wishing to be held.
Your legs,
eager to be manhandled.
Your pussy,
dripping with anticipation.
Your g-spot,
impatient to be stimulated.
Your cervix,
hoping to be kissed.
Your heart,
hungering to be fucked open.
Your soul,
quenching for my cock's rapture.

LE TUE LABBRA, LA TUA ANIMA

Le tue labbra,
grassoccio di desiderio.
i tuoi seni,
pieno di passione.
I tuoi occhi,
seducentemente frizzante.
le tue ciglia,
pieno di prontezza.
Il tuo naso,
inebriato di attrazione.
I tuoi capelli,
urlando per essere tirato.
Le tue mani,
implorando di essere trattenuto.
Il tuo collo,
vuole essere morso.
le tue orecchie,
desidera essere baciato.
le tue tette,
rimbalzare per essere leccato.
il tuo ombelico,

dolorante per essere baciato.
I tuoi fianchi,
desiderando essere trattenuto.
Le tue gambe,
desiderosi di essere dominati.
La tua figa,
grondante di attesa.
Il tuo punto g,
desiderosi di essere stimolati.
la tua cervice,
sperando di essere baciato.
Il tuo cuore,
affamato di essere fottuto.
La tua anima,
assetato dell'estasi del mio cazzo.

YOU PROWL THROUGH MY MIND

You prowl through my mind,
like a lioness hungry to be taken by her lion king,
leaving the foot prints of your soul all around me,
enveloping me with frenzied desire.
there's no non-sense with you,
except only that non-sense that is the magic
that exists beyond the senses,
that infused with the senses expands your heart and wings.

My wild lioness,
let's prowl together,
run throughout the multidimensional savannah,
king and queen united as the heavens and earth
rejoice at the glorious abundance of energy
that pours like rivers from our passionate lovemaking.

TI AGGIRI NELLA MIA MENTE

Ti aggiri nella mia mente,
come una leonessa affamata di essere presa dal suo re leone,
lasciando le impronte della tua anima intorno a me,
avvolgendomi in un desiderio frenetico.
non ci sono sciocchezze con te,
tranne solo quella sciocchezza che è magia
che esiste oltre i sensi,
che intriso di sensi dilata il tuo cuore e le tue ali.

Mia selvaggia leonessa,
andiamo a caccia insieme,
correre attraverso la savana multidimensionale,
re e regina uniti come cielo e terra
rallegrati della gloriosa abbondanza di energia
che scorre come fiumi dal nostro amore appassionato.

PLEASURE MATRIX

I want to kiss your lips beyond the bounds of time-space,
make love to your spirit by the way I ravish your body,
rocking your being open to her magical nature
as your heart is expanded,
your hands pulled behind your back,
my pillar pumping presence into your pussy,
launching you into multidimensional orgasmic realms
with my every thrust into your pleasure matrix.

MATRICE DI PIACERE

Voglio baciare le tue labbra oltre i limiti dello spazio-tempo,
fare l'amore con il tuo spirito per
il modo in cui mi scopo il tuo corpo,
cullando il tuo essere aperto alla sua natura magica
mentre il tuo cuore si espande,
le tue mani tirate dietro la schiena,
il mio pilastro che pompa presenza nella tua figa,
lanciandoti in regni orgasmici multidimensionali
con ogni mia spinta nella tua matrice di piacere.

THAT MOMENT

That moment when my cock enters your pussy
is the pure embodiment of our souls' unification.

That first thrust,
diving all the way deep
into the passionately energetic ocean of your pussy,
will send the magnetic waves of vigorous ecstasy
throughout our bodies...
the vibrational song of our souls making love.

Oh my wildly loud empress,
I want you to scream with pleasure
to the point that not only is the roof dancing,
but the stars glimmer with more radiance
from witnessing your orgasmic beauty.

QUEL MOMENTO

Quel momento in cui il mio cazzo entra nella tua figa
è la pura incarnazione dell'unificazione delle nostre anime.

Quella prima spinta,
tuffandosi fino in fondo
nell'oceano appassionatamente energico della tua figa,
invierà le onde magnetiche di vigorosa estasi
in tutto il nostro corpo...
il canto vibrazionale delle nostre anime che fanno l'amore.

Oh mia imperatrice selvaggiamente rumorosa,
Voglio che urli di piacere
al punto che non solo il tetto balla,
ma le stelle brillano più luminose
dal testimoniare la tua bellezza orgasmica.

PROWLING WITH DESIRE

You come to me,
prowling with desire.

You golden empress,
who's radiance sings like a choir.

You wild lioness,
who yearns for a mountainous presence,
while she can express with full liberation.

You gorgeous goddess,
who's pleasure brings pure jubilation.

You luscious Queen,
who only craves the best,
I'm hungry to deliver to you
what can never be found from the rest.

We share both chemistry and synergy,
primal desire and soulful synchronicity,
depth beyond the intellect and emotional connection,

more real than bone and flesh,
ancient unions and one that is fresh.

Come now, my empress,
take a seat on your royal throne,
together we'll explore the higher dimensions
while you ride my cock that you've made harder than stone.

IN AGGUATO CON IL DESIDERIO

Vieni da me,
in agguato con il desiderio.

tu imperatrice d'oro,
colei che è radiosa canta come un coro.

tu leonessa selvaggia,
che brama una presenza di montagna,
mentre può esprimersi con piena liberazione.

Tu splendida dea,
a cui il piacere porta puro giubilo.

Bella regina,
che brama solo il meglio,
Ho fame di darti
ciò che non può mai essere trovato dal resto.

Condividiamo chimica e sinergia,
desiderio primordiale e sincronicità sentimentale,
profondità oltre l'intelletto e la connessione emotiva,

più reale di ossa e carne,
unioni antiche e una fresca.

Vieni ora, mia imperatrice,
siediti sul tuo trono regale,
insieme esploreremo le dimensioni superiori
mentre cavalchi il mio cazzo che hai reso più duro della pietra.

ESCAPE THE SHACKLES

My lover,
let's escape the shackles of time-space,
embrace in this passionate Union,
rise beyond all the heavens,
lose ourselves in the magic of every give and receive
between our love drunk souls.
Penetrating you in all ways,
every thrust into you
propels us into the depths of the cosmos.
Imagine that.
Two lovers.
Two quantum travelers.
Two merged into one ocean of ecstasy.

FUGGI DALLE CATENE

Il mio amante,
sfuggiamo alle catene del tempo-spazio,
abbracciati in questa unione appassionata,
alzati al di là di tutti i cieli,
perdiamoci nella magia di ogni dare e ricevere
tra le nostre anime ubriache d'amore.
Penetrandoti in tutti i modi,
ogni spinta dentro di te
ci spinge nelle profondità del cosmo.
Immaginalo.
Due amanti.
Due viaggiatori quantistici.
Due si fusero in un unico oceano di estasi.

LAYING UNDERNEATH ME

Laying underneath me,
legs over my shoulders,
one hand cupping the back of your head,
with a fistful of hair,
as my other hand is wrapped around your neck,
all the while,
penetrating you both with my cock and my gaze.

SDRAIATO SOTTO DI ME

Sdraiato sotto di me,
gambe sopra le mie spalle,
una mano che tiene la base del tuo cuoio capelluto,
con un pugno di capelli,
mentre l'altra mia mano è avvolta intorno al tuo collo,
nel frattempo,
penetrandoti sia con il mio cazzo che con il mio sguardo.

SPORTS BRA

Oh lover,
The way your tits
press up against each other
in your sports bra
has me engulfed in desire
to rip off your top,
kiss your lips,
as my big hairy chest
presses against your tits,
as our bodies press against the wall,
embracing the intoxication of our union.
Your legs wrap around my hips
as my cock grants your pussy a powerful base,
launching you like a rocket ship
throughout the many dimensions of orgasmic ecstasy.

Oh lover,
Hold on tight.
We are going to new galaxies tonight.

REGGISENO SPORTIVO

Oh amante,
Il modo in cui le tue tette
premere uno contro l'altro
nel tuo reggiseno sportivo
mi ha inghiottito nel desiderio
per strapparti la parte superiore,
baciare le tue labbra,
come il mio grande petto peloso
preme contro le tue tette,
mentre i nostri corpi premono contro il muro,
abbracciando l'ebbrezza della nostra unione.
Le tue gambe avvolgono i miei fianchi
come il mio cazzo concede alla tua figa una base potente,
lanciandoti come un razzo
attraverso le molteplici dimensioni dell'estasi orgasmica.

Oh amante,
Tieniti forte.
Stasera andremo in nuove galassie.

WHAT'S NOT ROMANTIC

What's not romantic
about being so thoroughly ravished,
your juices dripping on me
and the sand beneath us
as you cling onto the lifeguard tower rails,
moaning into the night
under the beautiful full moon
as I grasp your breasts,
delicately squeezing your tits,
sending shockwaves of love
throughout your heart and pussy
as I penetrate you open to the magic
that created the universe?

CIÒ CHE NON È ROMANTICO

Ciò che non è romantico
essere così completamente rapito,
i tuoi succhi stanno gocciolando su di me
e la sabbia sotto di noi
mentre ti aggrappi alle ringhiere della torre del bagnino,
gemendo nella notte
sotto la bella luna piena
mentre ti afferro il seno,
stringendo dolcemente le tue tette,
mandando onde d'amore
nel tuo cuore e nella tua figa
mentre penetro, ti apro alla magia
chi ha creato l'universo?

HOLY PLACE OF WORSHIP

My cock and your pussy are soulmates,
and your pussy is my cock's holy place of worship.
My cock likes to pray every single day,
before breakfast,
mid workday,
and of course,
before and after supper.
How else can I express my total devotion
to the beautiful creatrix of life that you are?
You are absolute divine lusciousness embodied as woman.

LUOGO SANTO DI CULTO

Il mio cazzo e la tua figa sono anime gemelle,
e la tua figa è il luogo sacro di culto del mio cazzo.
Al mio cazzo piace pregare ogni singolo giorno,
prima di colazione,
nel bel mezzo di una giornata lavorativa,
ed ovviamente,
prima e dopo cena.
In quale altro modo posso esprimere la mia totale devozione
alla bella creatrice di vita che sei?
Tu sei l'assoluta lussuria divina incarnata come donna.

SO MANY WAYS

So many ways I can lick your pussy,
so many ways I can penetrate her too,
so many ways I can kiss your lips,
so many ways I can make love to you.

I want your pussy to scream my name
by how wet she gets and squirts.
I want to be doused in your pleasure,
washed anew by the holy waters of your pussy.
Your arousal gives me arousal.
We are heaven embodied as lovers

COSÌ TANTI MODI

Così tanti modi in cui posso leccare la tua figa,
in tanti modi posso penetrarla anch'io,
in tanti modi posso baciare le tue labbra,
così tanti modi in cui posso fare l'amore con te.
Voglio che la tua figa urli il mio nome
a causa di quanto si bagna e schizza.
Voglio essere immerso nel tuo piacere,
lavato di nuovo dalle acque sante della tua figa.
La tua eccitazione mi dà eccitazione.
Siamo il paradiso incarnato come amanti

CRESCENDO

My luscious queen,
the taste of your lips
surpasses anything I can dream.
Your curves speak to me sensually
like the moon's light.
Your glance alone's enough
to make my cock hard with might.
You are my lioness, fierce, wild and free,
penetrating you deeply, oneness we embody,
this sacred union is fiery and loud with passion.
My head between your legs feasting,
I'm not looking to ration,
ravenously flicking my tongue with your clit,
your scream with ecstasy,
Cupid's arrow has hit.
The perfection of this moment is far beyond lust,
it's all guided by the Soul of souls,
the only Intelligence I trust.
Spiritually embodied, soulfully orgasmic,
leave us alone together and things will get drastic.
Not a moment to spare,

I'm on top of you,
thrusting deep,
activating the magic within you,
holding against your glorious cervix,
the kundalini energy spirals up you like a vortex,
now you can't even think a thought,
squirting your rivers of pleasure all over me,
I'll always give you a lot.
Ascended beyond this time-space dimension,
suspended between the Earth and the heavens,
a waterfall of ecstasy pouring through your pussy portal,
consecrating all that's washed with your love,
with the energies of the Immortal,
the Benevolence above.
Doused in the waters of starlight,
I re-enter thee with greater might,
your back arched seductively as you're on all fours,
your face turns towards me, you're pouting for more,
my hands placed at the base of your sacrum,
caressing the curvature of your glorious ass,
each pulse wave into and readies my cum,
I spank your ass with a whole lot of fun,
tremors of desire vibrate throughout your cells,
my pillar of light, presence strong like the sun,
burns you with passion,
and will keep burning even after we're done.
With a fistful of hair,
I draw you near to me,
I suck on your upper lip,
you are so dear to me,
my tongue inside your mouth,
my cock inside your pussy,
your wetness can cure droughts,
again, I spank your tushy,

you squeal and purr with excitement,
our bodies and soul,
in perfect alignment,
when masculine and feminine come together,
sacredly wholesome,
there's no longer "each other",
the two become one,
and the One is seen within the two.
If you seek true spiritual mastery,
do not run away to a cave,
you won't find God in a life of celibacy,
or a life of living quietly,
God loves it when you orgasm loudly,
for how else would God know that you're coming?
Cheeky humor, I know, I know,
but this is to be expected from Don Angelo,
let's return to this sensational kiss,
that brings alignment to all that was once amiss,
that makes your heart sing and your pussy drip,
delicate and passionate,
kissing and fucking,
your nipples so hard,
my fingers flickering,
my chest to your back,
two hearts, one beat,
my hips to your ass, smack,
my hands to your breasts, grasped,
one moving up to your neck, pleasure gasped,
our lips locked, unbreakable bond,
as I cum in you, you eye roll to beyond,
pump, pump, pump, pump,
pump, pump, pump, pump,
so filled, so nourished,
so loved, so worshipped,

collapsed into my arms and chest,
rest now my lover,
remain undressed,
for in a short while,
we'll begin another.

CRESCENDO

Mia adorabile regina,
il sapore delle tue labbra
supera qualsiasi cosa io possa sognare.
Le tue curve mi parlano sensualmente
come la luce della luna.
Solo il tuo sguardo
ha reso il mio cazzo duro.
Sei la mia leonessa, fiera, selvaggia e libera,
penetrando profondamente in te, l'unità che incarniamo,
questa sacra unione è ardente e rumorosa di passione.
La mia testa banchetta tra le tue gambe,
Non sto cercando di razionare,
muovendo avidamente la mia lingua con il tuo clitoride,
il tuo grido di estasi,
La freccia di Cupido colpì.
La perfezione di questo momento è ben oltre la lussuria,
tutto è guidato dall'Anima delle anime,
l'unica intelligenza di cui mi fido.
Spiritualmente incarnato, spiritualmente orgasmico,
lasciaci soli insieme e le cose diventeranno drastiche.
Non un momento da perdere,

Sono sopra di te
spingendo in profondità,
attivando la magia dentro di te,
il mio cazzo sta baciando la tua gloriosa cervice,
l'energia kundalini sale verso di te come un vortice,
ora non riesci nemmeno a pensare a un pensiero,
spruzzando su di me i tuoi fiumi di piacere,
Ti darò sempre molto.
Asceso oltre questa dimensione spazio-temporale,
sospeso tra la terra e il cielo,
una cascata di estasi che scorre attraverso il tuo portale figa,
consacrando tutto ciò che è lavato con il tuo amore,
con le energie dell'Immortale,
la Benevolenza sopra.
Immerso nelle acque della luce delle stelle,
torno a te con più forza,
la tua schiena si inarca seducente mentre sei a quattro zampe,
la tua faccia si gira verso di me, stai più imbronciando,
le mie mani poste alla base del tuo sacro,
accarezzando la curvatura del tuo glorioso culo,
ogni pulsazione entra e prepara il mio sperma,
Ti sculaccio il culo con un sacco di divertimento,
tremori di desiderio vibrano nelle tue cellule,
la mia colonna di luce, presenza forte come il sole,
ti brucia di passione,
e continuerà a bruciare anche dopo che avremo finito.
Con un pugno di capelli,
ti porto vicino a me,
Ti succhio il labbro superiore,
mi sei così caro
la mia lingua dentro la tua bocca,
il mio cazzo dentro la tua figa,
sei così bagnato, puoi curare la siccità,

di nuovo, ti sculaccio il culo,
urli e fai le fusa per l'eccitazione,
i nostri corpi e le nostre anime,
in perfetto allineamento,
quando maschile e femminile si uniscono,
sacramente sano,
non ci sono più "l'un l'altro",
i due diventano uno,
e l'Uno si vede dentro i due.
Se cerchi la vera maestria spirituale,
non scappare in una grotta,
non troverai Dio in una vita di celibato,
o una vita tranquilla,
Dio ama quando raggiungi l'orgasmo ad alta voce,
In quale altro modo Dio potrebbe sapere che stai arrivando?
Umorismo sfacciato, lo so, lo so,
ma questo c'è da aspettarsi da Don Angelo,
torniamo a questo bacio sensazionale,
che porta l'allineamento a tutto ciò che una volta era sbagliato,
che fa cantare il tuo cuore e la tua figa gocciola,
delicato e passionale,
baci e scopate,
i tuoi capezzoli così duri,
le mie dita li massaggiano,
il mio petto alla tua schiena,
due cuori, un battito,
i miei fianchi al tuo culo, schiaffo,
le mie mani al tuo petto, strette,
uno che ti sale al collo, ansimava il piacere,
le nostre labbra strette, legame indissolubile,
mentre vengo in te, il tuo sguardo si rivolge all'aldilà,
pompa, pompa, pompa, pompa,
pompa, pompa, pompa, pompa,

così pieno, così nutrito,
così amato, così adorato,
crollato tra le mie braccia e il mio petto,
riposa ora amore mio,
rimanere svestito,
per un breve periodo,
ne inizieremo un altro.

ACKNOWLEDGMENTS

May the Feminine forever be acknowledged, cherished and ravished by my words.

ABOUT THE AUTHOR

Don Angelo is an Ambassador for the Divine Masculine Spirit, inspiring passionate sacred intimacy and rapturous union between the embodiments of masculine and feminine.

www.ingramcontent.com/pod-product-compliance
Lightning Source LLC
Chambersburg PA
CBHW072018110526
44592CB00012B/1359